Angelika Schmelzer

Alles über das Deutsche Reitpony

Kleiner Sportler mit Herz

CADMOS
PFERDEBÜCHER

Inhalt

Impressum

Gestaltung und Satz: Ravenstein, Verden
Fotos: Angelika Schmelzer
Druck: Proost, Turnhout

Printed in EC

ISBN 3-86127-270-9

Kleiner Sportler mit Herz

Viel Pferd in einem kleinen Körper: das Deutsche Reitpony

Sehr viel Pferd in einem kleinen Körper, so ließe sich das Deutsche Reitpony beschreiben. Wie keine andere Rasse vereint es Exterieur, Interieur und Gangwerk eines edlen Warmblutes mit den Körpermaßen, der Robustheit, Intelligenz, Ausgeglichenheit und nicht zuletzt der Ausstrahlung eines typischen Ponys in sich. Es wurde eigens zu dem Zweck geschaffen, Kinder mit einem in allen Sparten des Reitsportes einsetzbaren Turnierpferd in kindgerechter Größe beritten zu machen. Während zu Beginn der Zucht die Deutschen Reitponys im Typ den robusten Ponyrassen noch sehr nahe standen, hat sich ihr Erscheinungsbild im Laufe der Zeit gewandelt und vereinheitlicht. Trotzdem bestehen rassenintern auch heute noch signifikante Unterschiede in der Größe, im Typ und hinsichtlich des Temperaments, was allerdings durchaus gewollt und von Vorteil ist. Generell lässt sich sagen, dass die größeren Vertreter meist einen höheren Anteil edlen und damit leistungsbereiten, temperamentvollen Blutes in sich tragen, während man unter den kleiner ausfallenden Reitponys eher einen gutmütigen und damit für Reitanfänger geeigneten Typus findet.

Exterieur

Elegant, harmonisch und großlinig, insgesamt im Reitpferdetyp stehend und doch unverkennbar ein Pony – so wünscht man sich das Deutsche Reitpony. Ein typvolles Deutsches Reitpony wirkt trocken und edel, ist plastisch bemuskelt und zeichnet sich durch einen wachen, intelligenten Ausdruck aus. Obwohl es in seinem ganzen Erscheinungsbild einem edlen Warmblut oder gar einem kleinen Vollblut ähnelt, ist es an der meist vergleichsweise üppigen Behaarung und dem typischen „Ponygesicht" eindeutig als Pony zu erkennen.

Andere, eher problematische Merkmale vieler Ponyrassen fehlen hingegen; dazu zählen vor allem die schlechte Sattellage in Verbindung mit einem zu wenig ausgeprägten Widerrist sowie die ungünstige, schwere Halsung mit unzureichender Ganaschenfreiheit.

Hinsichtlich ihrer Größe sind viele Deutsche Reitponys den G-Ponys zuzurechnen, liegen also im Stockmaß zwischen 1,38 und 1,48 Meter. Kleinere Kollegen, also M-Ponys, sind meist geeignetere Pferde für jüngere Kinder und Reitanfänger, sie entsprechen in ihren wesentlichen Merkmalen eher den robusten, gutmütigen Ponyrassen. Unabhängig von seiner Größe sollte jedes Pony harmonisch gebaut sein und mehr als andere Ponyrassen im Reitpferdetyp stehen. Dazu gehören insbesondere Merkmale wie ein langer Hals, dessen Oberlinie in einen hohen und langen Widerrist ausläuft, eine längere und leicht geneigte Kruppe mit nicht zu hoch angesetztem Schweif sowie eine geringere Rumpftiefe. Den Hals wünscht man sich breit, gut angesetzt und mit deutlicher Verjüngung zum Genick hin. Der Kopf ist klein, trocken und edel, keinesfalls schwer oder grob. Nicht zu große Ohren, große und weite Nüstern,

Der ausgesprochen edle Ausdruck vieler Reitponys lässt vollblütige Vorfahren erahnen.

Kleinere Reitponys stehen in vielen Merkmalen den Robustponys sehr nahe.

ein lebhaftes, freundliches Auge und vor allem genügend Ganaschenfreiheit sind erwünscht. Großer Wert wird auf ein korrektes, trockenes Fundament mit wohlgeformten und mittelgroßen Hufen gelegt.

Interieur

Natürlich ist jedes Pony ein Individuum, eine – meist sehr ausgeprägte! – Persönlichkeit. Trotzdem sind insgesamt bestimmte Merkmale

des Interieurs erwünscht, andere wiederum werden nicht gerne gesehen. Deutsche Reitponys sollen, bei aller Leistungsbereitschaft, gutartig und willig, also vor allem kooperativ sein. Die Kooperationsbereitschaft spielt bei den oft hoch im Blut stehenden Sportponys eine ebenso große Rolle wie bei den robuster anmutenden Vertretern: Temperamentsbolzen, die sich von Kindern nicht mehr handhaben lassen, sind ebenso unerwünscht wie phlegmatische Sturköpfe, die ebenfalls charakterlich für Kinder ungeeignet sind. Unkompliziert soll es also sein, das Deutsche Reitpony, dabei mutig und nervenstark agieren, intelligent und ausgeglichen wirken. Gutwillig im Umgang, aber eine echte Kämpfernatur unterm Sattel, diese Kombination von Merkmalen des Charakters teilen Deutsche Reitponys mit anderen Ponykollegen. Wie andere Ponys auch reagiert das Deutsche Reitpony allerdings sehr empfindlich, wird es ständig überlastet oder mit unangemessener Härte behandelt: Es kündigt die Zusammenarbeit auf, wird zunehmend stur und faul oder entwickelt sich zum durchgehenden heißen Ofen.

Für den Einsatz im Sport sind Leistungswillen und Kooperationsbereitschaft nötig.

Exterieur und Bewegungsablauf des Deutschen Reitponys entsprechen den Merkmalen eines Warmblutes.

Bewegungsablauf

Die Bewegungen des Deutschen Reitponys sind „groß“ angelegt und stehen denen eines Großpferdes in nichts nach. Vor allem die gezielte Züchtung von Ponys mit elastischem Rücken und langer, schräger Schulter führte zur deutlichen Verbesserung von Schwung und Raumgriff. Taktmäßigkeit in allen drei Grundgangarten wird gefordert, Elastizität und Raumgriff bei deutlich erkennbarem Schub aus der fleißigen

Hinterhand. Auch über dem Sprung soll das Deutsche Reitpony eine natürliche Begabung erkennen lassen, soll mit Geschick und Überlegung agieren. Ein ungestörter Bewegungsfluss im Ablauf mit deutlicher Bascule über dem Sprung (aufgewölbter Rücken, abwärts gebogener Hals, sich öffnende Hinterhand) ist erwünscht.

Zuchtziel ist die Schaffung eines Reit- und Turnierponys für Kinder und Jugendliche.

Zuchtzielbeschreibung Deutsches Reitpony

Größe	*ca. 138–148 Zentimeter*
Farben	*alle*
Gebäude	*Kopf: klein, trocken, edel; genügend Ganaschenfreiheit; lebhaftes, freundliches Auge; Ohren nicht zu groß; Nüstern groß und weit*
Hals	*lang, breit, gut aufgesetzt, zum Genick verjüngend*
Körper	*mehr als andere Rassen im Reitpferdetyp (langer Hals; hoher, langer Widerrist; längere Kruppe, leicht geneigt mit nicht zu hoch angesetztem Schweif; geringere Rumpftiefe)*
Fundament	*trocken, korrekt; feste, mittelgroße Hufe*
Bewegungsablauf	*korrekt, raumgreifend, taktmäßig, elastisch; keine übertriebene Knieaktion; ausgeprägter Schub aus der Hinterhand*
Einsatzmöglichkeiten	*Reit- und Turnierpony für Kinder; elegantes Fahrpony*
Besondere Merkmale	*anspruchslos; gutartiger Charakter; willig, leistungsbereit, mutig, ausgeglichenes Temperament*

Ponys – wie hier Shetland Ponys – entwickelten sich vor allem in Gebieten mit rauem Klima.

Wie alles begann

In vielen Ländern entwickelten sich im Laufe von Jahrhunderten Ponyrassen, die den dortigen Verhältnissen optimal angepasst waren. Eigenschaften wie geringere Größe, harsche Behaarung, Leichtfuttrigkeit und Unempfindlichkeit lassen sich auf meist ungünstige klimatische Bedingungen mit daraus resultierender eher nährstoffarmer Futtergrundlage zurückführen. Ponys sind also als Antwort der Natur auf harte Lebensbedingungen zu verstehen.

Das Deutsche Reitpony ist in seiner heutigen Form das Resultat züchterischer Bemühungen, seine Eigenschaften wurden bewusst über mehrere Generationen nach den Vorstellungen der Züchter gefestigt. Grundlage war die geschickte Verschmelzung von Ponyeigenschaften und Großpferdemerkmalen. Sie wurden neu kombiniert und im Deutschen Reitpony vereint.

Siegeszug der Ponys

Das Reiten und Züchten von Ponys hat in Deutschland keine sehr lange Tradition. Erst nach dem Zweiten Weltkrieg wurden Ponys vor allem im Zuge der Freizeitreiterbewegung nach und nach populär. Reiten wurde zum Volkssport, die Beschäftigung mit dem Pferd zur Lebenseinstellung, die zunehmende Verbesserung der Haltungsbedingungen zur Aufgabe engagierter Reiter, Fahrer und Züchter. Immer mehr Ponyrassen anderer Länder wurden in Deutschland

Reitponys schließen die Lücke zwischen Robustpony und Warmblut.

heimisch und in zunehmend großem Stil und auf hohem Niveau auch gezüchtet. Trotz des Siegeszuges der Ponys allgemein tat sich im Laufe der Zeit eine Lücke auf: Es gab viele robuste, gutmütige und durchaus auch sportlich einsetzbare Ponyrassen wie Haflinger, Isländer, Norweger, Welsh oder New Forest Pony, die allerdings für die traditionelle Form des Turnierreitsportes nur bedingt geeignet waren, und es gab Warmblüter. Was fehlte, war ein Pony von kindgerechter Größe mit guter Veranlagung für alle Sparten des Turniersports.

Streng genommen, beginnt die Geschichte des Deutschen Reitponys mit der Schaffung einer neuen Rassengruppe durch die Arbeitsgemeinschaft der Ponyzuchtverbände im Jahr 1969. Schon seit einigen Jahren hatten Züchter erkannt, dass der Bedarf an größeren, für den Sport geeigneten Reitponys für Kinder und Jugendliche stark angestiegen war. Zunächst ungerichtet und wenig erfolgreich versuchte man sich in Kreuzungen zwischen Vollblütern und Robustponyrassen. Erst nachdem man sich im Jahr 1975 auf ein gemeinsames Zuchtziel im Sinne des Deutschen Reitpferdes einigte und sich vermehrt am britischen Riding Pony orientierte, konnte sich das Deutsche Reitpony am Markt durchsetzen.

Ursprünglich wurden verschiedene Ponyrassen, darunter vor allem Welsh Ponys, New Forest Ponys, Dülmener und Nordkirchener mit Arabern, Anglo-Arabern und Englischen Vollblütern angepaart. Heute werden überwiegend Deutsche Reitponys untereinander verpaart,

doch nach wie vor werden auch rassefremde Pferde in die Zucht einbezogen. Heute ist das Deutsche Reitpony nach dem Haflinger die beliebteste Ponyrasse in Deutschland. Der Zucht stehen etwa 8.000 eingetragene Zuchtstuten und 800 Hengste zur Verfügung, jährlich fallen etwa 3.000 Reitponyfohlen.

Die Organisation der Zucht liegt in den Händen der regionalen Zuchtverbände, die in der „Arbeitsgemeinschaft Deutscher Ponyzuchtverbände" zusammengeschlossen sind. Sie sind für Aufgaben wie etwa die Führung der Stutbücher, die Körung von Hengsten oder die Registrierung der Fohlen zuständig.

Vollblütige Vorfahren haben viele Reitponys deutlich geprägt: Kiribati von Kaiserjäger xx.

Viele Reitponys stammen von Welsh Ponys ab und werden auch als Welsh-Partbred geführt.

Harmonie ist Ausbildungsziel

Bei der Ausbildung von Kindern und Deutschen Reitponys zu einem harmonischen Team sind zwei Grundsätze zu beachten: Kinder dürfen nicht wie kleine Erwachsene unterrichtet, Ponys nicht wie Warmblüter ausgebildet werden.

Kinder wollen kindgerecht unterrichtet, Reitponys mit Pony-Sachverstand ausgebildet werden.

Kindgerechter Unterricht

Für Kinder und Jugendliche liegen die Prioritäten im Reitsport oft völlig anders als für Erwachsene, denn sie messen dem täglichen Miteinander eine größere Bedeutung bei als der eigentlichen Reiterei. Natürlich finden wir auch und gerade bei hoch motivierten Kindern und Jugendlichen ein gesundes Maß an Ehrgeiz, das nach Wettbewerbssituationen verlangt. Doch die tägliche Pflege, der Gang zur Weide, die Mithilfe im Stall, diese und andere Beschäftigungen lassen Kind und Pony zu einer echten Freundschaft finden.

Nur wenn der junge Reiter so in das Leben seines Pferdes eingebunden ist, wird er seine Bedürfnisse kennen lernen und seine Persönlichkeit respektieren können. Steht dagegen alleine der sportliche Erfolg im Vordergrund, wird das Pony schnell zum bloßen Sportgerät degradiert. Auch beim zielgerichteten Training ist deshalb darauf zu achten, dass der spielerischen Beschäftigung ausreichend Raum gegeben wird.

Deutsche Reitponys sind durch und durch Ponys, auch wenn ihre maßgeblichen Eigenschaften des Exterieurs und Gangwerks stark vom Vollblut und Warmblut bestimmt sind. Als Ponys sind sie von einer typischen, wachen Intelligenz und arbeiten hervorragend mit, werden sie als Partner anerkannt. Sie vertragen es allerdings überhaupt nicht, wenn sie mit unangemessener Härte behandelt, dauernd überlastet oder nicht individuell gefordert und gefördert werden. Bei der gemeinsamen Ausbildung von Pony und Reiter kommt es also weniger auf das Erreichen bestimmter leistungsbetonter

Abwechslung macht Spaß und bringt Kind und Pony spielerisch weiter.

Ziele an, sondern darauf, die Persönlichkeiten von Zweibeiner und Vierbeiner miteinander in Übereinstimmung zu bringen.

Das richtige Alter

Deutsche Reitponys sind, abhängig vom Typ, mit etwa drei Jahren reif für den Ausbildungsbeginn. Zuvor sollten sie ihre Kindheit und Jugend in der Gemeinschaft Gleichaltriger, im Sommer auf der Weide, im Winter in großzügigen Offenstallanlagen verleben dürfen. Während dieser Zeit stehen erste pflegerische Maßnahmen, Hufpflege sowie die Gewöhnung an Halfter und Führstrick an.

Allenfalls zur Körung anstehende Hengste können außerdem anlongiert sowie im Freispringen trainiert werden.

Mit drei Jahren beginnt die Arbeit an der Longe, bald auch in Verbindung mit der Gewöhnung an Sattel und Gebiss. Nachdem das junge

Für die Körung müssen junge Reitponyhengste zumindest anlongiert und ans Gebiss gewöhnt werden.

Der Ausbilder muss in der Lage sein, das Pony einem schwächeren Reiter quasi in die Hand zu reiten.

Pferd auf diese Weise an Kondition gewonnen hat und mit den wichtigsten Ausbildungsgegenständen vertraut ist, wird es unter dem Sattel gearbeitet. Die Grundausbildung sollte in den Händen leichtgewichtiger, möglichst nicht zu groß gewachsener und sehr geschmeidig sitzender Profis liegen, Kinder sind mit dieser Aufgabe immer überfordert. Die Basisarbeit verlangt nicht nur sehr viel Reiterfahrung und Wissen um die Ausbildungsskala, sondern vor allem ein großes Maß an Selbstdisziplin sowie das Vermögen, Pferde dem zukünftigen Reiter quasi in die Hand zu reiten. Dem Ausbilder muss stets bewusst sein, dass nicht er, sondern ein sehr viel leichterer und meist psychisch wie physisch unsicherer Reiter später in der Lage sein muss, das Pony nachzureiten.

„Je jünger der Reiter, desto älter das Pferd" – dieser Grundsatz sollte auch beim Deutschen Reitpony beachtet werden. Nicht so sehr das Alter, sondern mehr der Ausbildungstand des Ponys spielt dabei die entscheidende Rolle. Sehr weit fortgeschrittene und nicht allzu kleine Kinder sind in der Lage, ein Pony nach abgeschlossener Grundausbildung selbstständig zu reiten, weiter zu fördern und bei auftretenden Schwierigkeiten Lösungen zu finden oder die Hilfe eines Profis in Anspruch zu nehmen. Jüngere Kinder oder Reitanfänger sollten ältere Ponys mit Kindererfahrung reiten. So wird vermieden, dass noch wenig gefestigte Ponys durch die oft widersprüchliche oder ungeschickte Hilfengebung des Reitanfängers verunsichert werden und der junge Reiter durch die Überforderung, die für ihn das Reiten eines noch wenig ausgebildeten Pferdes mit sich bringt, frustriert wird. Für Anfänger und jüngere Kinder sind Ponys mit etwa acht bis neun Jahren im besten Alter.

Die richtige Größe

Welches Größenverhältnis zwischen Reiter und Pferd als harmonisch empfunden wird, ist weniger eine Frage objektiver Maßstäbe, sondern vielmehr der Gewöhnung und des Reitstils.

So empfinden überzeugte Islandpferdefans sicher anders als Reiterkollegen, die nur an Warmblutpferde gewöhnt sind. Trotzdem müssen bestimmte Faktoren beachtet werden, damit es zwischen Kind und Pony „passt". Das Kind sollte möglichst in der Lage sein, sein Pony selbstständig zu pflegen und zu putzen. Es muss mit der Hand den Pferderücken errei-

Auch erwachsene Reiter machen auf einem größeren Reitpony durchaus eine gute Figur.

chen können, ohne sich auf die Zehenspitzen zu stellen. Der Sitz des Kindes wird umso sicherer sein, je länger seine Beine im Verhältnis zur Rumpftiefe des Pferdes sind. Sitzt der kleine Reiter wie ein Floh auf einem rumpfigen Pferd und reichen die Beine nicht über die Rumpfmitte hinweg, wird der Sitz vom Kind oft als ausgesprochen labil empfunden. Dementsprechend groß ist die Unsicherheit des Reiters, während ein von den Beinen besser eingerahmtes Pferd ihm ein subjektives Sicherheitsgefühl verleiht.

Natürlich ist auch eine effektive Hilfengebung erschwert, wenn die Schenkel des Reiters auf dem Sattelblatt aufliegen.

Das richtige Größenverhältnis zwischen Reiter und Pony erleichtert die effektive Hilfengebung.

Anspruchsvolle Ponys verlangen nach fortgeschrittenen Reitern.

Das richtige Interieur und Gangwerk

Je spritziger und „heißer" das Pony, desto größer seine Eignung für den Sport und für den fortgeschrittenen Reiter. Temperament und Sensibilität gehen meist Hand in Hand, ein besonders empfindsames, sensibel auf jede Hilfengebung reagierendes Pony verfügt meist auch über viel Temperament. Dies zu zügeln und in die richtigen Bahnen zu lenken, dabei mit der Hilfengebung sparsam und geschickt zu agieren verlangt nach einem fortgeschrittenen, ehrgeizigen Reiter. Er wird auch in der Lage sein, sehr schwungvolle und mit viel Raumgriff ausgestattete Bewegungen zu sitzen, ja sein Pony in dieser Hinsicht noch zu fördern. Ruhige, eher etwas faule Ponys dagegen nehmen die oft ungeschickte Hilfengebung des Reitanfängers kaum übel und sind so schnell durch nichts aus der Ruhe zu bringen. Ihre Bewegungen dürfen etwas „kleiner" angelegt, sollten aber keinesfalls fehlerhaft sein.

Partner im Sport

Deutsche Reitponys sind kleine vierbeinige Sportskanonen, die vor allem durch ihre Vielseitigkeit überzeugen. Wie ihre größeren Kollegen, die Warmblüter und Vollblüter, bringen sie alle notwendigen Voraussetzungen für den Einsatz im Turniersport – Dressur, Springen oder Vielseitigkeit – mit. Obwohl sie mit diesem Ziel vor Augen gezüchtet werden, eignen sie sich natürlich, je nach individueller Veranlagung und Ausbildung, auch für den Fahrsport, das Westernreiten oder andere Disziplinen.

Deutsche Reitponys können im konventionellen Turniersport durchaus sehr erfolgreich gegen größere Kollegen starten, es gibt aber auch Prüfungen, in denen sie ganz unter sich sind. Sogar auf Bundesebene wie auch international sind Prüfungen nur für Ponys vorgesehen, etwa beim Preis der Besten, dem Deutschen Pony-Derby oder den Bundeschampionaten der Ponys.

Reitponys eignen sich für viele Wettbewerbsformen, nicht nur im traditionellen Turniersport.

Bei vielen Veranstaltungen wie hier beim Süddeutschen Ponychampionat sind Deutsche Reitponys unter sich.

Einsteigerprüfungen

Jeder fängt einmal klein an, und für Reiter bedeutet dies oft, erste Turniererfahrungen bei einem Führzügelwettbewerb zu sammeln. Der junge Reiter soll dabei sein Pony so selbstständig wie möglich im Schritt und Trab vorstellen und beweisen, dass er in diesen Gangarten

Mit der Führzügelklasse beginnt der Einstieg in die Turnierlaufbahn.

bereits elastisch sitzen und recht aktiv reiten kann. Zur Sicherheit wird er dabei von einer Führperson – meist müssen die Eltern oder ältere Geschwister dies übernehmen – über einen Führzügel gesichert. Auch der Eindruck, den Pony, Reiter und Führperson als Team machen, vor allem das optisch ansprechende Herausbringen, spielt eine wesentliche Rolle. Dabei sollte man es allerdings vermeiden, insgesamt zu bunt oder gar albern aufzutreten: Hier wird durchaus ernsthaft geritten, kein Kostümwettbewerb durchgeführt.

Der nächste Schritt heißt dann meist: einfacher Reiterwettbewerb. Hier stellen die Teilnehmer ihre Ponys und Pferde in allen drei Gangarten, auf beiden Händen und mit einfachen Hufschlagfiguren vor. Geritten wird überwiegend in der Abteilung, meist stellen die Richter jedoch auch einfache Einzelaufgaben, so wird der Galopp in der Regel einzeln geritten. Bewertet werden Sitz und Einwirkung des Reiters, aber auch die Willigkeit des Ponys, das sich problemlos in der Abteilung reiten lassen muss.

Dressursport

Die Eignung eines Ponys für den Dressursport hängt von seiner individuellen Veranlagung und seiner Ausbildung ab. Es sollte vor allem ausgesprochen rittig sein, also alle Hilfen des Reiters mit scheinbar müheloser Leichtigkeit annehmen und dabei den Eindruck von Elastizität und Energie machen ohne Anzeichen von Verkrampfung oder Überanstrengung. Elastisch gehend, setzt das Dressurpony den von der Hinterhand kommenden Schub in nach vorne gerichtete Energie in Form von Raumgriff oder nach oben als Versammlung um.

Deutsche Reitponys können Dressurprüfungen unter sich, also in reinen Ponyprüfungen, aber auch gemeinsam mit den größeren Kollegen bestreiten, je nach Ausschreibung. Mit der Klasse (E, A, L, M und S) steigen und ändern sich die Anforderungen an Reiter und Pony. In den einfachen Prüfungen spielen vor allem der korrekte Sitz und die Effektivität der Hilfengebung des Reiters die entscheidende Rolle, sodass hier auch mit durchschnittlich begabten

über dem Sprung sollte das Pony beide Vorderbeine gleichmäßig anziehen, sich im Flug rund machen und die Hinterhand aufmachen. Nur das rittige und mit guter Manier springende Pony wird auf Dauer erfolgreich sein und dem Reiter erlauben, seine Prüfungen in einem feinen, guten Reitstil zu bewältigen.

Auch im Springen sind die Anforderungen je nach Klasse gestaffelt, wobei eine besondere Eignung des Ponys in den schwereren Prüfungen vorausgesetzt werden muss, während eine korrekte Ausbildung von Pferd und Reiter und ein guter Springstil eine erfolgreiche Teilnahme in leichteren Prüfungen erlauben.

Um im Dressursport erfolgreich zu sein, muss das Reitpony neben guten Bewegungen eine solide Ausbildung mitbringen.

Im Springsport sind Eigenschaften wie Ehrgeiz, eine gute Galoppade und eine hervorragende Manier über dem Sprung erwünscht.

Ponys berittene junge Reiter durchaus sehr erfolgreich teilnehmen können. In den schweren Klassen dagegen kommt es mehr und mehr auch auf die individuelle Veranlagung des Ponys, vor allem hinsichtlich seiner Bewegungsqualität an.

Springsport

Jedes Springpony braucht eine solide Dressurausbildung, um erfolgreich und ohne gesundheitliche Schäden im Parcour zu bestehen.

Darüber hinaus muss ein Springpony die richtige Kombination von Biss und Kooperationsbereitschaft mitbringen, um sich trotz seines Ehrgeizes immer gut regulieren zu lassen. Zwischen den Sprüngen ist eine gute, gleichmäßige Galoppade und Wendigkeit gewünscht,

Ob western oder konventionell geritten: Reitponys sind geländegängig.

Vielseitigkeitssport

Vielseitigkeitsprüfungen bestehen aus drei Teilprüfungen in Dressur, im Springen und im Gelände. Als Einstiegsprüfung bietet sich die Geländeponyprüfung an, in der eine Geländestrecke mit festen Hindernissen bewältigt werden muss. Hier kann beurteilt werden, ob das Pony genug Galoppiervermögen und Leistungswillen hat, um ein gutes Vielseitigkeitspony zu werden.

Erfolgreiche Vielseitigkeitsponys müssen sowohl über eine solide Dressurausbildung als auch über eine gute Springbegabung verfügen, zudem sehr viel Leistungswillen mitbringen und besonders gut konditioniert sein. Auch an den Reiter stellt dieser Wettbewerb besonders hohe Anforderungen, er muss es nicht zuletzt verstehen, die Kräfte seines Ponys genau einzuschätzen und kontrolliert einzusetzen, um alle drei Teilprüfungen bewältigen zu können.

In allen Vielseitigkeitsprüfungen sind Maßnahmen vorgesehen, die das Pony vor Überlastung schützen sollen. So gewinnt nicht der schnellste Reiter die Geländestrecke, sondern derjenige, der die geforderte Zeit am besten einhält. Auch in der Springprüfung zählt nicht die Bestzeit, gewertet wird nur nach Strafpunkten. Verfassungsprüfungen bei schweren Vielseitigkeitswettbewerben gewährleisten, dass nur völlig gesunde Ponys starten.

Fahrsport

Während der Reitsport mit Deutschen Reitponys Kindern, Jugendlichen und, in Ausnahmefällen, leichten Erwachsenen vorbehalten ist,

Der Fahrsport mit Ponys findet immer mehr Freunde.

sind im Fahrsport die Erwachsenen meist unter sich, da es hier keine Altersbegrenzung oder Gewichtsbeschränkung nach oben gibt und der Turniersport mit Fahrponys einen ganz erheblichen organisatorischen und finanziellen Aufwand mit sich bringt. Trotzdem gewinnt der Fahrsport immer mehr Freunde, nicht zuletzt durch die faszinierende Kombination von Leistungssport und Tradition, die sich nur in dieser Disziplin so erleben lässt.

Im Turniersport werden unterschiedliche Wettbewerbsformen angeboten. Am bekanntesten sind Kombinationsprüfungen für Zweispänner oder Vierspänner, die, wie im Vielseitigkeitssport, aus drei Einzelprüfungen bestehen: einer Dressurfahrprüfung, einer Geländefahrt mit Hindernissen und einer Hindernisfahrprüfung.

Fahrponys müssen bereit sein, mit dem Fahrer und mit den Kollegen im Gespann zu kooperieren, sie müssen darüber hinaus sehr durchlässig, antrittsstark, gut konditioniert und clever sein. Bewegungskünstler, wie man sie im Dressurviereck gerne sieht, sind hier weniger gefragt, denn aufwendige Bewegungen kosten auch viel Kraft.

Im Westernsport eingesetzte Reitponys sind ein noch seltenes Bild.

Freund in der Freizeit

Westernreiten und mehr

Unter den Begriff „Breitensport" fällt jede sportliche Betätigung mit dem Pferd mit Ausnahme des (konventionellen) Turniersports. Vielen Reitern ist nicht bewusst, dass die Turnierreiter selbst in einer Organisation wie der FN eine absolute Minderheit darstellen! Hinzu kommen die vielen nicht organisierten Reiter oder alle, die einem anderen als dem klassischen Reitsport nachgehen. Gerade die typischen Eigenschaften des Deutschen Reitponys prädestinieren es für eine Vielzahl an reitsportlichen Disziplinen, sodass der Ponyfreund keineswegs einzig auf die Kategorien Dressur, Springen oder Fahren festgelegt ist.

Zuverlässigkeit, Spurtschnelligkeit, Kooperationsbereitschaft und Cleverness – alles Eigenschaften, die ein gutes Westernpferd mitbringen muss. Nur eine Minderheit von Westernreitern ist mit den typischen Westernpferderassen beritten, ansonsten tummelt sich eine Vielzahl anderer Rassen in dieser so bunten Szene.

Vor allem viele Ponyrassen, darunter auch einige Deutsche Reitponys, mischen auch in der Turnierreiterei auf Westernart ganz vorne mit.

Wer sich für diesen als besonders pferdefreundlich geltenden Reitstil entschließt, braucht dafür mehr als einen Westernsattel und einen Cowboyhut: Eine solide Ausbildung bei einem lizenzierten Trainer ist Grundvorausset-

zung für den Erfolg, ebenso wie bei jeder anderen Form des Reitsports.

Eine besonders sinnvolle Wettbewerbsform für niveauvolles Freizeitreiten sind die Reitweisen übergreifenden Allround-Wettbewerbe. In verschiedenen Prüfungsformen wird hier genau das Wissen und Können geprüft, das einen guten Freizeitreiter, ein gutes Freizeitpferd auszeichnet. Nicht atemberaubende Gänge und Megasprünge werden hier verlangt, sondern Geschick und Gehorsam, Harmonie und gegenseitiges Vertrauen. Im Präzisions-Parcour werden Hindernisse überwunden, denen der Reiter täglich in dieser oder anderer Form im Gelände begegnet – Brücken, Labyrinthe, Sackgassen oder Windbrüche. Nicht die schnellste Zeit, sondern die beste Manier bei der Bewältigung dieser Aufgaben zählt! Im Aktions-Parcour ist, wie der Name schon andeutet, mehr Action angesagt, die Bewertung erfolgt nach Zeit und Punkten. Bei einem Eignungswettbewerb für Gebrauchs-

Kniffelige Hindernisse gilt es bei Allround-Wettbewerben zu bewältigen.

Mit ganz verschiedenen Pferden und Ausrüstungen geht es bei Trekking-Wettbewerben auf die Strecke.

pferde schließlich werden die natürlichen Bewegungen des Pferdes in den Grundgangarten Schritt und Galopp im Abteilungsreiten bewertet und ein Präzisions-Parcour absolviert. Hier wird einzig die Eignung als Gebrauchspferd überprüft – mit welchem Pferd könnte man sofort auf einen schönen Ausritt starten?

Eine ähnliche Fragestellung liegt den Trekking-Wettbewerben zugrunde. Streckenritte nach Karte und Kompass sowie Trailparcours stehen Reitweisen übergreifend jedem geländeerprobten Reiter und Pferd offen. Selbst auf Distanzritten halten Deutsche Reitponys mit den „schnellen" Rassen wie Arabischen oder Englischen Vollblütern mit. Reitjagden, Quadrillereiten, Showvorführungen oder Ringreiten – dem Deutschen Reitpony stehen, mit Ausnahme spezieller Gangpferdewettbewerbe, eigentlich sämtliche reitsportlichen Disziplinen des Breitensports offen.

Freizeitreiten mit Niveau

Auch wer nicht auf Turnieren startet, unterzieht sich und sein Pferd einer ordentlichen Ausbildung – das ist man seinem vierbeinigen Freund schuldig!

„Der Mensch, der gemeinsam mit dem Pferd Sport betreibt, hat sich und das ihm anvertraute Pferd einer Ausbildung zu unterziehen. Ziel jeder Ausbildung ist die größtmögliche Harmonie zwischen Mensch und Pferd" – so steht es

Reitunterricht ist ein Muss für jeden Ponyfreund.

Der „Basispass Pferdekunde" vermittelt viel Wissen rund um Pferd und Pony, etwa über die korrekte Ausrüstung.

Reitunterricht muss also sein, am besten mindestens einmal pro Woche. Eine gute Idee sind auch Reiterferien, gemeinsam mit dem eigenen Pony, vielleicht auch auf anderen Pferdehöfen – das erweitert den eigenen reiterlichen Horizont. Jeder Hof hat seine eigenen Schwerpunkte, jeder Ausbilder seinen eigenen Stil, und es ist für jeden Reiter sinnvoll, sich umfassend zu informieren. Ergänzend zu den auf das Reiten bezogenen Kenntnissen und Fertigkeiten kommt Wissen um die korrekte Ausrüstung, sinnvolle Bodenarbeit oder die richtige Fütterung hinzu, das man sich auf entsprechenden Lehrgängen aneignen kann. Eine tolle Sache für junge Pferdefreunde ist der „Basispass Pferdekunde" in Form eines Lehrgangs mit anschließender Prüfung. Hier wird sehr viel Wissen über den richtigen Umgang mit dem Pony, über seine Haltung, Fütterung und Pflege vermittelt, also all das, was im normalen Reitunterricht meist zu kurz kommt.

in den „Ethischen Grundsätzen des Pferdefreundes" der FN. Harmonie basiert auf Vertrauen, auf dem Wissen um die Bedürfnisse des Pferdes, auf Kenntnissen über Sitz und Einwirkung. Anders gesagt: Es reicht nicht aus, sein Pony einfach nur lieb zu haben, zur Zuneigung muss sich Wissen und Können gesellen!

Gesund füttern, artgerecht halten

Jeder Pferdefreund ist verpflichtet, seinem Pony ein artgerechtes Leben zu ermöglichen, indem alle pferdetypischen Bedürfnisse weitestgehend erfüllt werden. Diese Bedürfnisse heißen Licht, Luft, Bewegung und die Gesellschaft von Artgenossen. In vielen Punkten unterscheiden sich die Bedürfnisse von Pferden also ganz erheblich von unseren: Wir Menschen fühlen uns in abgeschlossenen Räumen (einer „Höhle“) am sichersten, Pferde und Ponys dagegen an ausgesetzten Orten, von denen aus sie die Umgebung beobachten können. Wir dürfen also nicht den Fehler machen, eigene Vorstellungen von Behaglichkeit oder Sauberkeit auf unsere Ponys zu übertragen!

Ponys brauchen frische Luft, viel Bewegung und eine gesunde Ernährung.

Noch ein Aspekt der artgerechten Haltung: Natürlich ist es für ein Pony wichtig, dass es ordentlich geritten wird, aber die Arbeit unter dem Sattel macht vielleicht eine Stunde täglich aus, den Rest der Zeit verbringt das Pony in seinem Stall, seiner „Wohnung“. Es liegt am Reiter, ob es sich dabei wohl fühlt oder ob es 23 Stunden täglich leidet.

Der beste Stall für mein Pony

Fachleute sind sich einig: Die beste, weil artgerechteste und gesündeste Haltung für alle Pferde und Ponys ist die Offenstallhaltung in der Herde. So können sie sich den ganzen Tag über beschäftigen, wie sie möchten, können spielen, gemeinsam dösen oder einander freundschaftlich kraulen. Langeweile kennt ein Offenstallpony nicht, und Langeweile in der Einzelbox, das bestätigen Tierärzte und Biologen, macht krank.

Ein Offenstall besteht aus zwei Bereichen, zwischen denen die Ponys nach Belieben wechseln: ein überdachter Stall, der vor Wind und Wetter schützt, und ein Auslauf, der zum

Spielen und Laufen anregt. Der Boden ist teilweise eingestreut und lädt zu gemütlichen Nickerchen im Schutz von Artgenossen ein, teilweise aber so befestigt, dass auch bei schlechtem Wetter kein Matsch entsteht.

Im Herbst wächst Offenstallponys ein dicker Pelz, der sie bei Kälte und Nässe so gut schützt, dass sie auch im Winter nicht frieren. Werden Reitponys im Sport eingesetzt und auch über die Wintermonate intensiv geritten, können sie oft nicht im Offenstall gehalten werden. Das dichte Fell führt dazu, dass sie schnell schwitzen und nach der Arbeit stundenlang nicht abtrocknen – Erkältungen sind die Folge! In diesem Fall ist das Pony in einem Laufstall – ein überdachter Stall, in dem eine Gruppe von Ponys lebt – oder in einer Box besser untergebracht. Es ist dort Wind und Wetter weniger stark ausgesetzt und braucht keinen dichten Pelz zum Schutz. Das Fell bleibt kürzer oder kann im Herbst geschoren, das Pony anschließend über die kalte Jahreszeit eingedeckt werden.

Trotzdem sollte es nicht auf frische Luft, ausreichend Bewegungsmöglichkeiten und seine vierbeinigen Freunde verzichten müssen. Besser als Innenboxen sind deshalb so genannte Offenboxen, bei denen ein kleiner Auslauf direkt an jede Box grenzt. In Ställen mit Innenboxen sorgt man durch täglichen Weidegang oder Auslauf auf wetterfesten Paddocks für Abwechslung. Es ist wichtig für das Wohlbefinden des Ponys, dass es wirklich jeden Tag Auslauf erhält, auch wenn uns Menschen das Wetter zu unangenehm erscheint.

Freie Bewegung an der frischen Luft stärkt das Immunsystem und sorgt für ausgeglichene, entspannte Ponys.

Ständige Klimareize stärken die Abwehrkräfte des Offenstallponys.

Ein dichter Winterpelz schützt Offenstallponys bei Kälte und Wind.

Weidegang auf einer sicheren Weide ist gesund und artgerecht.

Weidegang

Die schönste Zeit für Ponys ist die Weidesaison, die je nach Lage etwa von April bis Oktober reicht. Bei der Umstellung von der Winterfütterung auf frisches Weidegras muss man behutsam vorgehen und die Ponys langsam daran gewöhnen, sonst können sie an Durchfall oder Hufrehe erkranken. Am besten, man lässt sie zunächst nur etwa eine halbe Stunde grasen und erlaubt ihnen dann, jeden Tag ein wenig länger auf die Weide zu gehen, bis sie nach etwa zwei bis drei Wochen ganz draußen bleiben können. Eine gute Idee ist es auch, sie vor dem Weidegang mit Heu zu füttern und dann satt auf die Weide zu entlassen.

Beim Weidegang ernähren sich die Ponys auf natürliche Weise, sie bewegen sich viel und ihre Abwehr wird durch den Einfluss von Wind und Wetter gestärkt. Auf jeder Weide muss ein Witterungsschutz vorhanden sein, der groß genug ist für die gesamte Herde. Er muss nicht nur Dauerregen und kalten Wind, sondern auch intensive Sonneneinstrahlung abhalten.

Eine gut sichtbare, sichere Einzäunung gehört ebenfalls zu einer Weide, ebenso wie eine funktionierende Wasserversorgung durch Selbsttränken, Wasserfässer oder natürliche Wasser quellen.

Fit gefüttert

Wie viel Futter ein Pony braucht, hängt vor allem von seinem Gewicht und der Leistung, die es erbringt, ab. Je nach Größe und Kaliber wird ein Deutsches Reitpony meist zwischen 250 und 350 Kilogramm wiegen. Sportpony oder Freizeitpony, Offenstall oder Box, robust oder edel, viele Faktoren bestimmen über den Bedarf eines Reitponys und nicht alle lassen sich berechnen. Darum ist es wichtig, dass der Besitzer selbst darauf achtet, ob sein Pony wohlgenährt aus-

Korrekt gefütterte Reitponys sind aufmerksam, leistungsbereit und gut im Fell.

sieht oder es vielleicht Anzeichen gibt, dass es zu wenig oder zu viel Futter bekommt. Sind seine Rippen nicht zu sehen, aber mit den Fingern leicht zu ertasten, ist es weder zu fett noch zu mager. Ein glänzendes Fell, normale Leistungsbereitschaft, ein aufmerksames Wesen – das alles sind Anzeichen für eine optimale Futterration. Ist ein Pony dagegen zu träge oder zu

Mit speziellen Computerprogrammen lassen sich Rationen am besten berechnen.

explosiv, wirkt sein Fell stumpf oder struppig, ist es sehr schnell ermüdbar und erholt sich nach Anstrengungen nur langsam, sollte die Futterration überprüft werden.

Viele wenig beanspruchte Ponys kommen mit Heu, Weidegras und einem Salzleckstein alleine gut zurecht. Sie brauchen dann je 100 Kilogramm Gewicht ungefähr 1–1,5 Kilogramm gutes Heu und nehmen meist aus der Einstreu zusätzlich Stroh auf. Werden sie gearbeitet, brauchen sie zusätzlich Kraftfutter, und zwar umso mehr, je stärker sie beansprucht werden. Natürlich wird kaum ein Pony jeden Tag gleich stark belastet, darum ist es sinnvoll, die Kraftfutterration nach der jeweils erbrachten Leistung zu dosieren. Wie viel Kraftfutter ein Pony braucht, muss der Reiter selbst herausfinden, meist genügen bei leichter bis mittlerer Arbeit 1–2 Kilogramm täglich. Natürlich ist es sinnvoll, stärker belasteten Ponys auch mehr Heu zu füttern, denn Raufutter ist immer wichtiger als Kraftfutter, zu viel Kraftfutter kann sogar krank machen! Wer ganz sicher gehen will, lässt sich die beste Ration für sein Pony am Computer errechnen.

Manche Ponys vertragen haferfreie Mischfutter auf Mais- oder Gerstebasis besser als Müsli mit Hafer. Bekanntlich „sticht" der Hafer die Pferde, so manches Pony wird bei Haferfütterung zum unberechenbaren und kaum mehr reitbaren heißen Ofen. Allzu träge Ponys dagegen kann man mit ein wenig Hafer richtig aufwecken – es gehört viel Gefühl und Erfahrung dazu, jedes Pony richtig zu füttern.

In jeden Stall gehört ein Salzleckstein und eine Selbstränke, die auch bei kaltem Wetter funktioniert. Manche Ponys brauchen darüber hinaus ein Zusatzfutter mit Mineralstoffen, Vitaminen und Spurenelementen, vor allem, wenn sie stark beansprucht werden. Allerdings sollte man nicht versuchen, mit solchen Futtermitteln oder zu großen Kraftfutterrationen aus einem braven Freizeitpony eine Sportskanone zu machen: Dazu gehören immer die richtige Veranlagung und viel Training!

Mein eigenes Pony

Wer träumt nicht von einem eigenen Pony, einem Freund, mit dem man die schönsten Stunden der Freizeit verbringen kann? Vor jedem Pferdekauf aber stehen eine Menge Fragen, die allesamt mit einem eindeutigen „Ja" beantwortet werden müssen, denn ein eigenes Pony bringt nicht nur viel Freude, sondern auch viel Verantwortung mit sich.

Nur mit Unterstützung der Eltern lässt sich der Traum vom eigenen Pony verwirklichen.

Checkliste:

- *Bin ich reif fürs eigene Pony? Kann ich gut genug reiten, um den Ausbildungsstand eines Ponys zu erhalten oder das Pony gar weiter auszubilden? Weiß ich so viel über Pferde, dass ich ein eigenes Pony halten, füttern und pflegen kann? Diese Frage kann am besten der Reitlehrer beantworten.*

- *Steht für das Pony ein Stall bereit, in dem es artgerecht leben kann? Ist der Stall für mich zu jeder Jahreszeit zu Fuß oder mit dem Fahrrad erreichbar? Denn kaum ein Elternteil wird bereit oder in der Lage sein, auf Jahre hinaus täglich zum Stall zu kutschieren!*

- *Sind meine Eltern bereit, nicht nur den Anschaffungspreis für mein Pony zu zahlen, sondern auch die Kosten für Unterbringung, Hufschmied, Zusatzfutter, Impfungen und Tierarztkosten zu tragen? Mit ein bisschen Taschengeld ist es dabei nämlich nicht getan.*

- *Reicht das Geld auch noch für Reitunterricht? Und gibt es im zukünftigen Stall meines Ponys einen Reitlehrer, der sich auf Ponys versteht? Denn mit dem ersten eigenen Pony fängt das Reitenlernen erst so richtig an!*

▶▶▶

Gute Reitponys wie diese Elitestute sind in der Anschaffung wie im Unterhalt vom Taschengeld nicht zu finanzieren.

▶▶▶

- *Gibt es einen Pferdefreund, dem ich im Notfall – etwa, wenn ich krank werde oder in Urlaub fahre – für ein paar Tage mein Pony anvertrauen kann? Der es ebenso gut bewegt, füttert und pflegt, wie ich es tun würde? Kein Pony soll im Stall vergammeln müssen, nur weil der Besitzer verreist ist.*

- *Und die vielleicht wichtigste Frage: Reicht meine Pferdebegeisterung aus, um die unvermeidlichen Probleme zu überwinden? Bei klirrender Kälte oder Matschwetter jeden Tag in den Stall zu gehen? Genug Zeit für mein Pony zu finden, auch wenn morgen eine Mathearbeit ansteht? Weiter an mir zu arbeiten, auch wenn es mit dem Reiten mal so gar nicht klappen will? Wer ein eigenes Pony hat, hat immer auch Stress!*

Wo und wie finde ich mein Traumpony?

Bei der Auswahl der vielversprechendsten Angebote hilft eine Liste, auf der man in aller Ruhe – am besten zusammen mit den Eltern oder dem Reitlehrer – alle wichtigen Eigenschaften des gewünschten Ponys vermerkt: Alter, Geschlecht, Ausbildungsstand, Eignung, Temperament, Charakter.

Geeignete Ponys findet man beim Züchter, in seriösen Verkaufsställen oder bei Privatpersonen, manchmal lohnt auch der Besuch einer Zuchtschau oder anderen Veranstaltung, wenn dort Ponys vorgestellt und angeboten werden.

Regionale Zuchtverbände informieren über Züchter oder Absatzveranstaltungen.